Durch meine Wertschätzung für die Umwelt, habe ich auf unnötige Seiten für Fotos verzichtet.

Benjamin Bormann

Glutenfrei und Vegan

Gesund und LECKER!

Bibliografische Information der Deutschen Nationalbibliothek:

Die Deutsche Nationalbibliothek verzeichnet diese Publikation in der Deutschen Nationalbibliografie; detaillierte bibliografische Daten sind im Internet über http://dnb.dnb.de abrufbar.

Herstellung und Verlag: BoD – Books on Demand, Norderstedt

ISBN: 9783744867962

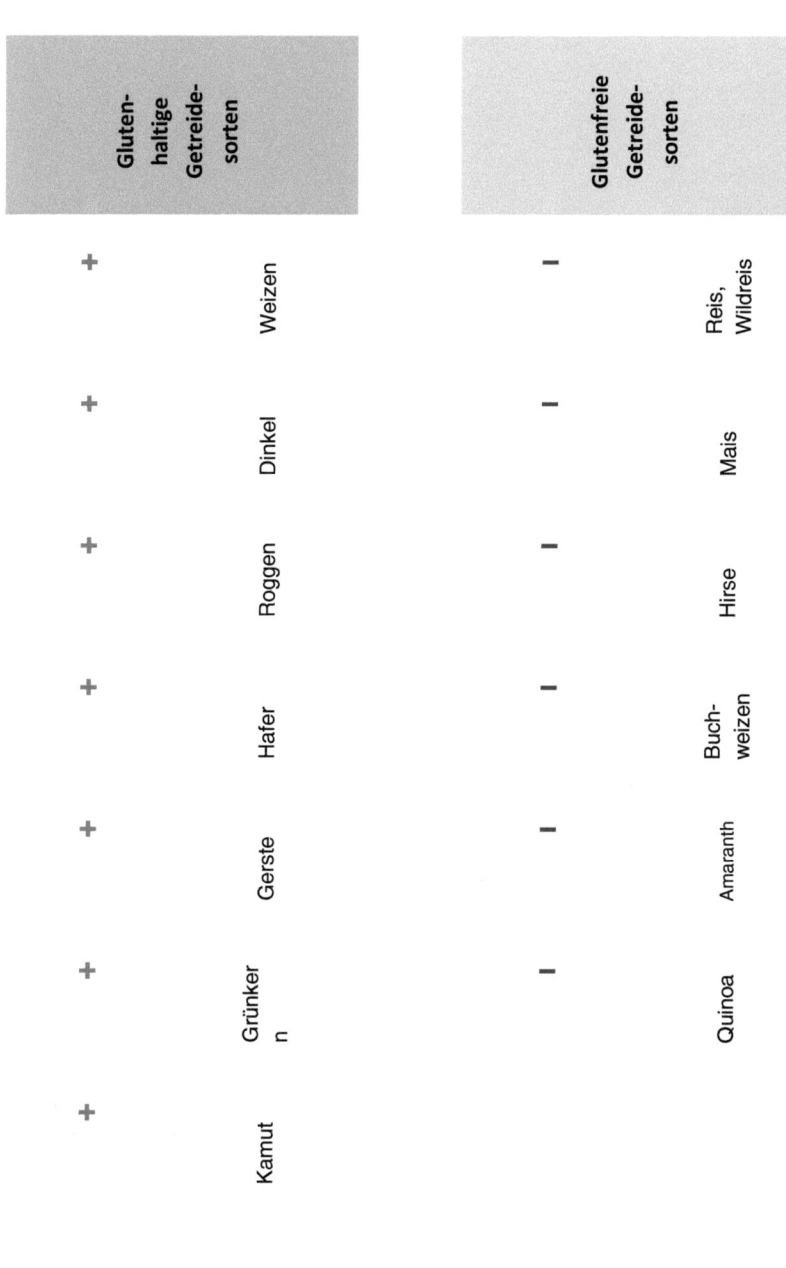

	Glutenhaltige Getreidesorten						Glutenfreie Getreidesorten					
+	Weizen						−	Reis, Wildreis				
+	Dinkel						−	Mais				
+	Roggen						−	Hirse				
+	Hafer						−	Buchweizen				
+	Gerste						−	Amaranth				
+	Grünkern						−	Quinoa				
+	Kamut											

Suppen und Eintöpfe

Tomaten - Kokos - Suppe

Zutaten

1	Zwiebel
1	Knoblauchzehe
1	Chilischote
2 EL	Pflanzenöl
500 g	Passierte Tomaten
200 ml	Gemüsebrühe
200 ml	Kokosmilch
1	Avocado
1 EL	Limettensaft
	Salz und Pfeffer

Zubereitung

Zwiebel, Knoblauch und Chilischote klein hacken und in heißem Öl anschwitzen.

Gemüsebrühe und Tomaten dazu geben, aufkochen und mit einem Pürierstab pürieren.

Kokosmilch zufügen, mit Salz und Pfeffer abschmecken.

Avocado schälen, Kern lösen und in kleine Würfel schneiden. Mit Limetten beträufeln und in die Suppe geben.

Paprika - Tomaten - Suppe

Zutaten

1	Rote Paprikaschote
1 Zehe/n	Knoblauch
1	Zwiebel
200 g	Dosen Tomaten
6 dl	Gemüsebrühe
	Salz und Pfeffer
e	Öl, zum Dünsten

Zubereitung

Paprika, Zwiebel und Knoblauch fein hacken.
Öl erhitzen in einem Topf erhitzen und Zwiebel und
Knoblauch kurz andämpfen.

Paprika mit 1 EL Wasser hinzufügen und 20 Min. mit
Deckel auf kleiner Stufe köcheln lassen

Tomaten und die Bouillon dazugeben, mit Salz und
Pfeffer abschmecken und ohne Deckel weitere 10
Min. köcheln lassen.

Kartoffel - Paprika - Zucchini - Topf

Zutaten

4 große	Kartoffeln
2	Rote Paprikaschoten
1	Zucchini
3	Tomaten
2	Möhren
1	Zwiebel
1	Knoblauchzehe
	Kräuter der Provence
	Gemüsebrühe
	Öl
	Salz und Pfeffer
	Zitronensaft

Zubereitung

Gemüse in kleine Würfel schneiden. Paprika, Zucchini, Tomaten, Möhren und Zwiebeln in einen Topf geben, in Öl anbraten und mit Kräutern würzen.

Knoblauch pressen und dazu geben

Kartoffeln hinzugeben und mit so viel Brühe auffüllen, dass das Gemüsebedeckt ist.

20 Minuten kochen, bis die Kartoffeln gar sind

Mit Gewürzen und Zitronensaft abschmecken.

Misosuppe

Zutaten

2	Möhren
1 Stange	Lauch
200 g	Austernpilze
200 g	Tofu
1 EL	Öl
900 ml	Gemüsebrühe
2 EL	Gewürzpaste Miso
1 Bund	Schnittlauch
	Salz und Pfeffer

Zubereitung

Möhre schälen und in dünne Streifen hobeln.

Lauch in feine Streifen schneiden.

Pilze in Streifen schneiden.

Tofu klein würfeln.

Öl in einem Suppentopf erhitzen und die Pilze darin anbraten.

Gemüsebrühe aufgießen und das vorbereitete Gemüse einlegen.

Offen bei mittlerer Hitze ca5 Min. köcheln lassen, bis das Gemüse bissfest ist.

Miso-Paste unter die Suppe rühren und den Tofu einlegen.

Bei schwacher Hitze 2 Min. ziehen lassen.

Mit Salz und Pfeffer abschmecken.

Schnittlauch in feine Röllchen schneiden auf die Suppe streuen

Erdnusssuppe

Zutaten

2	Zwiebeln
1	Knoblauchzehe
2	Karotten
200 g	Erbsen
2	Tomaten
1 Dose	geröstete Erdnüsse
1 Liter	Gemüsebrühe
5 -große	Kartoffeln
	Öl
	Salz und Pfeffer
	Chilipulver

Zubereitung

Zwiebel, Knoblauchzehe und die Karotten fein raspeln und in einem Topf in etwas Öl anbraten.

Die geschälten und klein gewürfelten Tomaten und Chilipulver nach Wahl dazugeben.

Erdnüsse pulverfein mahlen und ebenfalls in den Topf geben.

Gemüsebrühe aufgießen.

Erbsen und gewürfelte Kartoffeln dazugeben und alles kochen, bis die Kartoffeln gar sind.

Mit Salz, Pfeffer und evtl. noch mehr Chilipulver abschmecken.

Linseneintopf mit Tofu

Zutaten

200 g	Linsen
200 g	Tofu
2	Kartoffeln
1	Zwiebel
2 Zehen	Knoblauch
600 ml	Wasser
1 Schuss	Sojasauce
	Öl, zum Anbraten
2 EL	Tomatenmark
	Salz und Pfeffer
	Ingwerpulver
	Paprikapulver

Zubereitung

Zwiebel und Knoblauch schälen, würfeln und in Öl dünsten.

Sojasauce und Wasser zum ablöschen und die Linsen zugeben.

Alles zum Kochen bringen.

Kartoffeln schälen, würfeln und zu den Linsen geben.

Tofu würfeln und mit Öl anbraten.

Tofu in der Pfanne mit Salz, Ingwer und Paprikapulver würzen.

Wenn die Linsen gar sind, ca. 30 Minuten den angebratenen Tofu und das Tomatenmark zugeben und vorsichtig vermengen.

Mit Salz, Pfeffer und Ingwer abschmecken.

Mango - Karotten - Suppe

Zutaten

700 g	Karotten
3	Zwiebeln
1 Stück	Ingwer
1	Mango
1/2	Limette
1	Chilischote
1 Dose	Kokosmilch
1 Bund	Frühlingszwiebeln
750 ml	Gemüsebrühe
	Öl

Zubereitung

Karotten schälen, und in kleine Stücke schneiden

Ingwer und Zwiebeln schälen und klein hacken, zusammen mit den Karotten in Öl andünsten

Gemüsebrühe dazu gießen und kochen lassen 10

Minuten

Mango schälen, Fruchtfleisch würfeln und zur Brühe geben

Alles mit einem Pürierstab pürieren.

Kokosmilch unterrühren, Chilischote entkernen, halbieren und zur Suppe geben

Limettensaft in die Suppe pressen, Chilischote entfernen

Frühlingszwiebeln waschen und in feine Ringe schneiden und auf die Suppe geben

Kürbissuppe asiatisch

Zutaten

500 g	Kürbisfleisch
1	Zwiebel
1 Stück	Ingwer
400 ml	Kokosmilch
2 TL	Currypaste
400 ml	Gemüsebrühe
1 EL	Kürbiskerne
50 ml	Kürbiskern - Öl
	Salz
1	Kartoffeln

Zubereitung

Kürbis entkernen, Kerne beiseite stellen

Fruchtfleisch würfeln

Kartoffel schälen und ebenfalls würfeln.

Zwiebeln schälen und klein hacken.

Ingwer schälen. Halbieren und ein Teil beiseitelegen

Das andere Stück fein würfeln.

Kokosmilch 1 EL abnehmen und ebenfalls beiseite stellen.

Zwiebel, Ingwerwürfel und Currypaste ca. 5 Min. sanft in einer Pfanne schmoren.

Kürbiswürfel dazugeben und mit dünsten.

Kokosmilch, Gemüsebrühe und Kartoffeln ebenfalls in die Pfanne geben, leicht salzen. Ca. 20 Min. weich kochen lassen, pürieren.

Ingwer in dünne Scheiben schneiden

Öl in einer Pfanne erhitzen und die Ingwerscheiben darin 2 Min. knusprig anbraten.

Die Suppe in Teller füllen und mit Kürbiskernen, Ingwerscheiben und Kokosrahm garnieren.

Aubergineneintopf

Zutaten

1	Aubergine
1 Dose	Kichererbsen
1 Dose	Tomaten
1 EL	Tomatenmark
2	Zwiebeln
2	Knoblauchzehen
1 EL	getrocknete Minze
	Olivenöl
300 ml	Wasser
	Salz und Pfeffer

Zubereitung

Auberginen in Würfel schneiden, salzen und in Öl goldbraun braten und auf die Seite stellen.

Zwiebeln grob schneiden und im Öl glasig dünsten

Kichererbsen und Tomatenmark dazugeben, kurz umrühren und sofort die Tomaten und Auberginen dazugeben und mit etwas Wasser auffüllen.

Knoblauch mit der Minze in einem Mörser zerdrücken und mit in den Topf geben

Mit Salz und Pfeffer abschmecken.

Bei mittlerer Hitze für ca. 30min köcheln.

Ab und zu umrühren

Südafrikanischer Gemüseeintopf

Zutaten

4	Karotten
3	Paprikaschoten
3	Zwiebeln
	Sonnenblumenöl
2 Dosen	gebackene Bohnen in Tomatensoße
2 TL	Currypulver
2 TL	Currypulver
	Salz
	Pfeffer
	Gemüsebrühe

Zubereitung

Gemüse in Stücke schneiden, ca. 2 cm und in einen Topf mit heißem Fett geben, Herd danach auf mittlere Stufe stellen

20 Min garen lassen und regelmäßig umrühren

Die Bohnen mit der Soße dazugeben und würzen

10 Minuten zusammen erhitzen und immer wieder umrühren

Danach mit den Gewürzen, abschmecken

Kartoffelsuppe mit Pilzen

Zutaten

1	Zwiebel
200 g	Kartoffeln
1 TL	Pflanzenöl
250 ml	Gemüsebrühe
100 g	Champignons
	Salz und Pfeffer
	Muskat

Zubereitung

Zwiebel und Kartoffeln fein würfeln.

Öl in einem Topf erhitzen und beides darin anschwitzen

Gemüsebrühe dazugeben und zugedeckt 15 Minuten köcheln lassen.

Champignons in Scheiben schneiden

Die Hälfte der Suppe entnehmen, pürieren und in den Topf zurück geben.

Champignons in die Suppe geben und 5 Minuten darin garen.

Mit Salz, Pfeffer und Muskatnuss abschmecken.

Linsen-Kartoffeleintopf

Zutaten

1 kg	Kartoffeln
120 g	Linsen
2 Dosen	Tomaten
2	Paprikaschoten
2	Zwiebeln
1	Zucchini
4	Karotten
3	Knoblauchzehen
500 ml	Gemüsebrühe
50 g	Tomatenmark
20 g	Paprika - Creme
	Apfel - Essig
	Paprikapulver
	Muskat

Olivenöl

Pfeffer

Salz

Salatkäuter

Chili

Zucker

Zubereitung

Kartoffeln schälen und achteln

Karotten mit dem Sparschäler schälen und in ca. 1 cm dicke Stücke schneiden

Zucchini, Paprika und Zucchini in ca. 1 cm dicke Stücke/Streifen schneiden

Zwiebeln in dünne Ringe hobeln und den Knoblauch fein hacken.

Olivenöl in einem großen Topf erhitzen und alle Zutaten dazu geben

Mit Salz, einer kleinen Prise Zucker und Pfeffer vermischen

Linsen nach Packungsanweisung zubereiten, in einem Sieb abtropfen

Zutaten im Topf mit Gemüsebrühe ablöschen bis alle Zutaten gut bedeckt sind

15 Minuten kochen lassen

Die Kartoffeln sollen noch bissfest sein.

Topf vom Herd nehmen, die Linsen dazugeben und alles mit Tomatenmark und der Paprikacreme andicken.

Essig dazu geben, mit Salz, Pfeffer, Kräutern, Paprika und Muskatnuss abschmecken

Steckrüben - Möhrentopf

Zutaten

750 g	Kartoffeln
1	Steckrübe
300 g	Möhren
1	Zwiebeln
2 EL	Öl
	Salz und Pfeffer
	Worcestersauce
1 TL	Thymian
2	Lorbeerblätter
3 EL	Gemüsebrühe
1 Bund	Petersilie

Zubereitung

Kartoffeln, Steckrübe und Möhren schälen

Kartoffeln in große Stücke, Möhren in dicke Scheiben schneiden und die Steckrübe in mittelgroße Stücke würfeln.

Zwiebel würfeln und im Top mit Öl glasig anbraten

Kartoffeln, Steckrübe und Möhren dazu geben und unter Rühren anbraten

Mit Salz, Pfeffer, Thymian und Lorbeer würzen

1 1/4 Liter Wasser dazu gießen und aufkochen lassen

Brühe einrühren und alles bei mittlerer Hitze zugedeckt 30 Minuten gar kochen

Petersilie hacken

Den Eintopf mit Salz, Pfeffer und Worcestersauce abschmecken. Mit Petersilie bestreuen

Beilagen und Sonstiges

Kürbis - Tofu - Pfanne

Zutaten

1 kleiner	Kürbis Hokkaido
2	Möhren
1	Paprikaschote
350 g	Tofu
2 EL	Pflanzenmargarine
	Kräutersalz
	Paprikapulver
	Kurkuma
	Reismehl
1	Paprikaschote grüne

Zubereitung

Kürbis, Möhren, Paprikaschoten schälen bzw. putzen. Zusammen mit dem Tofu in gleichgroße, Stücke würfeln und in erhitztem und leicht anbraten. Nach Geschmack würzen, mit Wasser ablöschen und ca. 10 Minuten köcheln lassen.

Sobald das Gemüse r noch bissfest ist, mit etwas Reismehl binden, leicht aufkochen lassen, bis die gewünschte Konsistenz erreicht ist.

Kartoffelpfanne

Zutaten

1	Aubergine
1	Paprikaschote
1	Chilischote
500 g	Kartoffeln
3	Schalotten
1	Zwiebel
2	Knoblauchzehen
2 EL	Olivenöl
2 TL	Oregano
150 ml	Gemüsebrühe
2	Dosen - Tomaten
1 EL	Tomatenmark
	Salz und Pfeffer
	Petersilie

Zubereitung

Aubergine würfeln, Paprikaschote und Chilischote sorgfältig entkernen.

Kartoffeln schälen und klein würfeln.

Zwiebeln und Knoblauch schälen und klein schneiden.

Schalotten in Spalten schneiden.

Olivenöl in einer beschichteten Pfanne erhitzen.

Kartoffeln bei starker Hitze leicht anbraten, dann die Hitze reduzieren und die Zwiebeln, Schalotten und Knoblauch zugeben.

Aubergine, Paprika, Chili und Oregano zugeben und bei mittlerer Hitze etwa 5 Minuten braten, dabei umrühren.

Gemüsebrühe zugießen, kurz aufkochen lassen und dann das Gemüse zugedeckt 15 Minuten garen.

Tomaten würfeln und mit dem Tomatenmark unterziehen und aufkochen lassen.

Mit Salz und Pfeffer würzen und mit Petersilie bestreut servieren.

Linsenbratlinge

Zutaten

200 g	Linsen, eingeweicht
70 g	Zwiebeln
70 g	Lauch
100 g	Karotten
100 g	Champignons
4 EL	Mehl
1 TL	Curry
etwas	Salz und Pfeffer
etwas	Kräuter
extra	Olivenöl
	Chilipulver

Zubereitung

Linsen über Nacht einweichen.
Zwiebeln, Lauch, Karotten, Pilze und Kräuter grob
zerschneiden.

Linsen abschütten, Gewürze hinzufügen und alles
pürieren. Mehl zufügen, bis alles eine klebrige Masse
ist.

Mit einem großen Löffel die Masse in "Röstis" formen
und in Olivenöl ausbacken.

Sommergemüse - Vanille

Zutaten

150 ml	Gemüsefond
	Vanilleschote
2	Zwiebeln
2 EL	Olivenöl
1 TL	Puderzucker
1 EL	Balsamico
2	Zucchini
2	Paprikaschoten
10	Kirschtomaten
	Vanillesalz
	Pfeffer
12	Oliven
3 Stängel	Basilikum

Zubereitung

Gemüsebrühe mit Vanillemark und -schote kurz aufkochen

Zwiebeln in Ringe schneideund mit Öl anschwitzen, Puderzucker darüber geben, leicht karamellisieren. Mit Balsamico und der Vanille-Gemüsebrühe ablöschen, schmoren lassen.

Paprika und die Zucchini in Scheiben schneiden, in einer zweiten Pfanne in Öl andünsten, zugedeckt knackig garen.

Am Ende der Garzeit die Tomaten dazugeben. Oliven und Zwiebeln mit Brühe untermischen und kurz ziehen lassen.

Mit Vanillesalz, Pfeffer und Balsamico abschmecken.

Mit Basilikum bestreut servieren.

Gefüllte Auberginen

Zutaten

3	Auberginen
1 Zehe	Knoblauch
	Salz
1	Zwiebel
50 g	Haselnüsse
30 g	Sultaninen
2 Pck.	Püree von Tomaten
	Pfeffer
	Zimt
	Koriander
1 EL	Öl

Zubereitung

Auberginenhaut streifig abschälen.

Den Knoblauch pellen du in Stifte schneiden, damit die Auberginen spicken.

Diese dann im kochenden Salzwasser 15 Min. garen.

Zwiebel schälen und würfeln.

Haselnüsse grob hacken.

Alles zusammen mit den Sultaninen zu dem Tomatenpüree geben.

Mit Salz, Pfeffer, Zimt, Koriander würzen und kräftig kochen lassen, bis die Tomatenmasse dicklich wird.

Die fertigen Auberginen abtropfen lassen, in eine Auflaufform legen, mit der Tomatenmasse übergießen und mit Öl bepinseln.

Ober- und Unterhitze bei 200 °C 30 Min. backen.

Reis aus 1001 Nacht

Zutaten

1 große	Zwiebel(
2	Knoblauchzehen
2 EL	Öl
1/2 TL	Kreuzkümmel
1/2 TL	Zimt
1/2 TL	Ingwer
3	Chilischoten
1/2 Tasse	Gemüsebrühe
200 g	Tofu
240 g	Tomaten
1 kl. Dose	Kichererbsen
1/2 TL	Salz
1 EL	Petersilie
150 g	Reis

Zubereitung

Reis nach Packungsanweisung kochen.

Tofu in Würfel schneiden, in einer Pfanne in Öl
goldgelb anbraten

Zwiebel und Knoblauch, klein schneiden und in die
Pfanne gebe

.

Alle Gewürze, die Kichererbsen und die Tomaten
dazugeben, alles etwa 5 Minuten leicht köcheln.

Petersilie bestreuen und mit dem Reis anrichten.

Reis indisch

Zutaten

200 g	Reis
8	Pfefferkörner
3	Kardamomkapseln
4 cm	Zimt - Stange
1	Sternanis
1	Lorbeerblatt
1 TL	Kreuzkümmel
1 TL	Salz
2 EL	Öl
1 kleine	Zwiebel
1 Zehe/n	Knoblauch
	Röstzwiebeln zur Garnitur
400 ml	Wasser

Zubereitung

Zwiebel und Knoblauch kleinschneiden und in einer Pfanne goldgelb anbraten.

Gewürze (außer Salz und Lorbeerblatt) zugeben, 2 - 3 Minuten mit braten

Reis zugeben, unter Rühren glasig werden lassen.

400 ml Wasser dazugeben.

Salz und Lorbeerblatt unterrühren

Bei höchster Hitze zum Kochen bringen.

Wenn das Wasser KOCHT SOFORT die Hitze auf kleinstmögliche Stufe reduzieren.

Den Topf mit einem Deckel dicht verschließen und nicht mehr öffnen.

Nach 10 Min. hat der Reis alle Flüssigkeit aufgesogen

Mit Korianderblättern und Röstzwiebeln garnieren.

Gebackenes Kürbisgemüse

Zutaten

1	Kürbis
1	Zitrone
	Knoblauch
2	Zwiebeln
	Rosmarin
	Salz und Pfeffer
	Thymian
	Petersilie
	Olivenöl

Zubereitung

Kürbis halbieren, Kerne entfernen und in Streifen schneiden.

Schale abschneiden, außer bei Hokkaido, und die Streifen auf ein Backblech oder in eine große Auflaufform geben.

Zwiebeln in schmale Streifen und die Zitrone in Achtel schneiden, beides zum Kürbis geben.

Knoblauchzehen schälen und im Ganzen ebenfalls dazugeben.

Mit Rosmarin, Thymian und Petersilie, Salz und Pfeffer würzen, mit Olivenöl begießen und alles gut vermengen.

Bei Ober- und Unterhitze 180°C ca. 30 Minuten backen.

Zucchini süß - sauer

Zutaten

2 kg	Zucchini
1 kg	Paprikaschoten
500 g	Zwiebeln
500 ml	Essig
500 g	Zucker
1 Liter	Wasser
500 ml	Apfelsaft
1	Zitrone
3 TL	Currypulver
1 Hand	Salz
	Pfefferkörner
1 Pck.	Gurkengewürz zum Einmachen

Zubereitung

Zucchini in Scheiben, Paprika und Zwiebeln in Stücke schneiden.

Die restlichen Zutaten in einen großen Topf geben und zum Kochen bringen,

Gelegentlich umrühren und dann sofort in Gläser füllen und diese verschließen.

Ca. 2 Wochen durchziehen lassen.

Eingelegte Champignons

Zutaten

500 g	Champignons
2	Knoblauchzehen
	Petersilie
	Olivenöl
	Salz und Pfeffer
	Balsamico

Zubereitung

Die Champignons vierteln.

Olivenöl in einer Pfanne erhitzen.

Champignons und 2 ganze Knoblauchzehen gut darin anbraten, dabei ständig rühren.

Wenn die Champignons eine schöne Farbe angenommen haben, salzen und pfeffer n.

Dann mit einem Schuss Balsamico ablöschen und die kleingehackte Petersilie hinzufügen.

Soßen

Zigeunersoße

Zutaten

2	rote Paprikaschoten
1	Zwiebel
	Salz und Pfeffer
1 Pck.	passierte Tomaten
1 EL	Tomatenmark
	Olivenöl
	Zucker
	Curry
	Paprika

Zubereitung

Paprika in Streifen und die Zwiebel in Ringe schneide

In Olivenöl anbraten

Tomatenmark mit etwas Zucker kurz mitbraten und mit den passierten Tomaten ablöschen

Mit den Gewürzen abschmecken

15 min. bei schwacher Hitze köcheln lassen

Pizzasoße

Zutaten

1 Dose	Tomaten 400 g
2 EL	Olivenöl
2 TL	Salz
1 TL	Oregano
2 TL	Zucker
1	Zwiebel
1/2	Knoblauchzehe
	Pfeffer

Zubereitung

Zwiebel schälen und vierteln

Knoblauch schälen und beides mit den anderen Zutaten in eine hohe Schüssel geben

Mit einem Pürierstab alles pürieren

Tomatensauce

Zutaten

1 kg	Tomaten
2	Zwiebeln
2 Zehen	Knoblauch
1 Bund	Petersilie
5 EL	Olivenöl
1 Zweig	Thymian
1	Lorbeerblatt
1 EL	Zucker
	Salz
	Pfeffer,

Zubereitung

Tomaten abziehen, vierteln und Kerne entfernen.

Zwiebeln und Knoblauch schälen

Olivenöl in einer großen flachen Pfanne erhitzen

Knoblauch und die Petersilie andünsten

Mit wenig Wasser ablöschen und die Zwiebeln sowie
die Tomaten zugeben

Salzen, pfeffern und den Thymian sowie das
Lorbeerblatt zugeben.

Auf kleiner Flamme 1 Stunde köcheln lassen

Zwischendurch den Zucker zugeben

Vom Herd nehmen und pürieren

Chili - Soße mit Aprikosen

Zutaten

100 g	Chilischoten
300 g	Paprikaschoten
200 g	Tomaten
1	Zwiebel
5	Knoblauchzehen
30 g	Ingwer
3	Aprikosen
12 g	Salz
1 TL	Pfeffer
3 EL	Rohrzucker
80 ml	Apfelessig

Zubereitung

Alle Zutaten, außer den Essig grob zerkleinern und in einen Mixer geben und klein hacken

Alles danach in einem Topf 20 Minuten köcheln lassen

Topf vom Herd nehmen und den Essig unterrühren, abschmecken,

Remoulade

Zutaten

12 EL	Sonnenblumenöl
200 g	Soja - Cuisine
1/2	Zitronen - Saft
3 EL	Balsamico
1 TL	Senf
4	Gewürzgurken
	Salz und Pfeffer

Zubereitung

Gurken in Stücke schneiden

Alle Zutaten bis auf das Öl in einen Mixer geben

Kurz pürieren, dann langsam das Öl einträufeln.

Mit Salz und Pfeffer abschmecken

Pilzsoße

Zutaten

250 g	Champignons
300 ml	Gemüsebrühe
1	Zwiebel
1 1/2 EL	Öl
2 EL	Reismehl
	Salz und Pfeffer

Zubereitung

Zwiebel schälen und fein würfeln.

Pilze putzen und in Scheiben schneiden

Öl in einer Pfanne erhitzen und die Pilze und Zwiebeln darin anbraten

Mit Mehl bestäuben und mit der Brühe ablöschen

Aufkochen lassen, dann 15 Minuten leicht köcheln lassen.

Mit Salz und Pfeffer abschmecken

Gemüsebrühe

Zutaten

1500 g	Gemüse, nach Wahl (Sellerie, Karotten, Lauch, Z
2	Lorbeerblätter
1 Bund	Petersilie
2 EL	Öl
½ TL	Salz
	Pfeffer
	Muskat

Zubereitung

Gemüse putzen und zerkleinern

2 EL Öl in einen großen Topf geben und das Gemüse, Petersilie und Lorbeerblätter kurz andünsten

Salz hinein geben und mit 3 Liter heißem Wasser angießen

60 Min köcheln, dann das Gemüse herausfischen

Mit Pfeffer, Salz und Muskat abschmecken.

Rote Bete - Ketchup

Zutaten

2	Rote Bete
1	Knoblauchzehe
3	Wacholderbeeren
1 EL	Balsamico
2 Prisen	Senfpulver
1 TL,	Tomatenmark
125 ml	Olivenöl
	Gewürzmischung, marokkanisch
	Salz und Pfeffer

Zubereitung

Rote Bete weich kochen, schälen und zerkleinern.

Knoblauch schälen und klein hacken.

Wacholderbeeren klein mörsern

Knoblauch, Wacholderbeeren, Balsamico, Senfpulver und Tomatenmark dazugeben und gut vermischen, danach pürieren; dabei das Olivenöl langsam einrühren.

Mit Salz, Pfeffer und Gewürzmischung abschmecken.

Eventuell mit Wasser verdünnen.

Brot

Maisbrot

Zutaten

	Für den Teig:
80 g	Maismehl
1 Prise	Zucker
1 Prise	Trockenhefe
	Mineralwasser
	Für den Teig: Vorteig
600 ml	Mineralwasser
350 g	Maismehl
	Für den Teig: Hauptteig
150 g	Maismehl
1 TL	gemahlener Kümmel
1 TL	gemahlener Koriander
1 Prise	Zucker

2 EL	Sonnenblumenkerne
2 EL	Erdnüsse
2 EL	Leinsamen
1 ¹/₂ TL	Salz
200 ml	Mineralwasser

Zubereitung

Teig:
Alle Zutaten vermischen und bei Zimmertemperatur
über Nacht stehen lassen

Vorteig:
Alle Zutaten miteinander vermischen und bei
Zimmertemperatur ca. 120 min stehen lassen, bis sich
Blasen gebildet haben

Hauptteig:
Alle Zutaten miteinander vermischen und langsam
unter den ersten Teig, sowie Vorteig heben. Bis alles
gut vermengt ist und ein dickflüssiger Teig entstanden
ist

Den fertigen Teig in einen mit Backpapier ausgelegten
Backform gießen und glatt streichen, 180 Minuten bei
Zimmertemperatur stehen lassen.

2 EL Mineralwasser nach der Ruhezeit auf dem Teig
verstreichen

Die Backform in den kalten Backofen stellen und 160
°C Ober- und Unterhitze anstellen

60 Minuten backen lassen und danach noch 10
Minuten in der Form ruhen lassen

Maisbrot mit Nuss

Zutaten

Sauerteig :

80 g	Maismehl
1 Prise	Trockenhefe
	Mineralwasser

Für den Teig: Vorteig

300 g	Maismehl
80 g	Haselnüsse
500 ml	Mineralwasser

Für den Teig: Hauptteig

200 g	Maismehl
1 TL	gemahlener Kümmel
1 EL	gemahlener Koriander
1 Prise	Zucker
300 ml	Mineralwasser

1 TL Salz

1 EL Leinsamen

Zubereitung

Teig:
Alle Zutaten vermischen und bei Zimmertemperatur
über Nacht stehen lassen
Vorteig:
Alle Zutaten miteinander vermischen und bei
Zimmertemperatur ca. 120 min stehen lassen, bis sich
Blasen gebildet haben
Hauptteig:
Alle Zutaten miteinander vermischen und langsam
unter den ersten Teig, sowie Vorteig heben. Bis alles
gut vermengt ist und ein dickflüssiger Teig entstanden
ist

Den fertigen Teig in einen mit Backpapier ausgelegten
Backform gießen und glatt streichen, 180 Minuten bei
Zimmertemperatur stehen lassen.

2 EL Mineralwasser nach der Ruhezeit auf dem Teig
verstreichen

Die Backform in den kalten Backofen stellen und 160
°C Ober- und Unterhitze anstellen

60 Minuten backen lassen und danach noch 10
Minuten in der Form ruhen lassen

Amaranth Brot

Zutaten

5 EL	Margarine
250 g	gemahlener Amarant
250 g	Naturreismehl
1 Tüte	Backpulver
1 TL	gemahlener Kümmel
1 TL	gemahlener Koriander
1/2 TL	Meersalz
1 Prise	Zucker
500 ml	Mineralwasser

Zubereitung

Backofen auf 220 °C stellen, Ober- und Unterhitze

Margarine in einem Topf schmelzen und abkühlen lassen

Alle trockenen Zutaten vermischen und die geschmolzene Margarine zugeben und vermischen

500 ml Mineralwasser dazu geben und vermischen

Danach alles in eine mit Backpapier ausgelegt Backform gießen

15 Minuten bei 200 °C backen

Danach 60 Minuten bei 160 °C

Knäckebrot

Zutaten

600 g	gemahlene Nüsse
500 ml	Wasser
100 ml	Olivenöl
1 TL	Johannisbrotkernmehl

Zubereitung

Zutaten miteinander vermengen und auf 3 mit Backpapier ausgelegte Bleche verteilen, glatt streichen

Bei 160°C Umluft 45 Min. backen

Buchweizenbrot

Zutaten

500 g	Buchweizenmehl
500 ml	Wasser,
100 g	Sesam
50 g	Blaumohn
60 g	gemahlene Haselnüsse
2 TL	Öl
2 TL	Agaven - Dicksaft
1 TL	Salz
1 TL	Natron

Zubereitung

Alle Zutaten vermischen, ca.5 min ruhen lassen und dann in eine Brot - Backform gießen, glatt schütteln und bei Zimmertemperatur gehen lassen

In den vorgewärmten Backofen und bei 175°C Ober- und Unterhitze.60 min backen, mit einem Gefäß voll Wasser unter dem Backblech.

Pfannenbrot

Zutaten

200 g	Buchweizenmehl
200 g	Hirsemehl
60 g	Gemahlener Amarant
$\frac{1}{2}$ TL	Gemahlener Koriander
1 $\frac{1}{2}$ TL	Salz
1 Prise	Zucker
2 EL	Sonnenblumenkerne
150 g	Apfel
400 g	Mineralwasser

Zubereitung

Den Apfel grob raspeln

Alle Zutaten verrühren und in eine beschichtete Pfanne gießen

Deckel schließen, auf mittlerer Stufe ca. 25 min braten, danach Hitze verringern

Danach nochmal ca. 10 min warten und den Brotteig umdrehen, nochmal ca. 10 min backen

Bananen Brot

Zutaten

100 g	Walnüsse
300 g	Maismehl
300 g	Mehl *
3 g	Rosinen
1 1/2 TL	Backpulver
1/2 TL	Salz
	Geriebener Muskat
500 g	Reife Bananen
120 g	Margarine
200 g	Zucker
1/4 TL	Vanille - Pulver

Zubereitung

Margarine und Zucker schaumig rühren

Bananen dazugeben und verrühren

Wallnüsse klein hacken

Mehl mit Backpulver, Vanillepulver, Salz, Muskat und Walnüssen vermischen und zur ersten Mischung dazu geben und gut verrühren

Teig in eine mit Backpapier ausgelegte Backform füllen

.Im vorgeheizten Backofen Ober- und Unterhitze bei 200° 60Minuten backen.

Brotaufstrich und Dip

Kapuzinerkresse - Paste

Zutaten

150 g	Kapuzinerkresse
10 g	Salz
100 g	Öl

Zubereitung

Das Kraut wird im Mixer klein gehäckselt, 100 g Öl untermixen, bis eine Paste entsteht, leicht salzen.

Tofu - Teewurst

Zutaten

400 g	Räuchertofu
1	Zwiebeln
1	Knoblauchzehen
3 EL	Olivenöl
5 EL	Sojasahne
2 EL	Tomatenmark
3 EL	Sojasauce
2 TL	Paprikapulver
$^1/_2$ TL	Paprikapulver
1 TL	Pfeffer
1 $^1/_2$ TL	Salz
	Brühe,
1 TL	Zucker
2 EL	Schnittlauch

Zubereitung

Zwiebel und Knoblauch, schälen, würfeln und in Olivenöl goldgelb anbraten.

Räuchertofu in kleine Stücke schneiden, alle Zutaten, bis auf den Schnittlauch in eine Schüssel schütten und pürieren.

Schnittlauch in Röllchen schneiden und unterrühren und alles ca. eine Stunde durchziehen lassen.

Zwiebelmarmelade

Zutaten

1 $\frac{1}{2}$ kg	Zwiebeln
3 EL	Salz
1 kg	Agar Agar
$\frac{1}{2}$ Liter	Essig
1 $\frac{1}{2}$ TL	Gewürznelken
2 TL	Kümmel

Zubereitung

Zwiebel mit Salz vermischen und ca. 1 Stunde stehen lassen, danach die Zwiebeln abspülen und trocken tupfen.

Zucker mit Essig und Nelken zum Kochen bringen , ca. 5 Minuten köcheln lassen.

Zwiebeln und d Kümmel hinzufügen, aufkochen.

Nelken entfernen.

Bei schwacher Hitze ca. 2 Stunden köcheln lassen, bis der Sirup dick und die Zwiebeln durchscheinend und goldbraun sind.

Avocado - Senf - Dip

Zutaten

1	Avocado
1	Knoblauchzehe
1 EL	Olivenöl
1 EL	Senf
³/₄ TL	Salz
1 TL	Zitronensaft
	Pfeffer

Zubereitung

Avocado entkernen und das Fruchtfleisch heraus löffeln.

Knoblauchzehe pressen, Olivenöl, Senf, Salz, Zitronensaft und Pfeffer hinzufügen und alles mit einer Gabel zerdrücken.

Bärlauch - Creme

Zutaten

1	Avocado
1 Bund	Bärlauch
2 EL	Zitronensaft
	Cayennepfeffer
	Salz

Zubereitung

Avocado halbieren und das Fruchtfleisch herauslösen. In eine Schüssel geben und mit einer Gabel zerdrücken.

Bärlauch fein hacken und unter die Avocado mischen.

Zitronensaft hinzugeben und mit Salz und Cayennepfeffer abschmecken.

Pflaumenchutney

Zutaten

500 g	Pflaumen
350 g	Zwiebeln
50 g	Ingwerwurzel
250 g	Rohrzucker
2 EL	Rapsöl
1 TL	Salz
1 TL	Thymian - Blättchen
1 TL	Rosmarin
1 TL	Chiliflocken
300 ml	Apfelessig

Zubereitung

Pflaumen in kleine Stücke schneiden

Ingwer und Zwiebel schälen und fein würfeln

Beides im heißen Öl andünsten

Pflaumen unterrühren und kurz mit dünsten

Zucker zugeben und unter Rühren schmelzen lassen

Mit Salz und Chiliflocken würzen

Essig dazu gießen und unter Rühren 30 Minuten köcheln

Rote Bete - Aufstrich

Zutaten

250 g	Rote Bete
80 g	Sonnenblumenkerne
2 EL	Öl
2 TL	Essig
2 EL	Zitronensaft
2 TL	Meerrettichcreme
.	Salz
	Guarkernmehl

Zubereitung

Rote Bete klein würfeln

Sonnenblumenkerne fein hacken

Beides in eine Schüssel geben und nacheinander das Öl, den Zitronensaft, den Essig und den Meerrettich dazu geben und gut mixen

Mit Salz würzen

Wenn es cremiger werden soll einen TL Guarkernmehl untermixen

Möhren-Nuss-Aufstrich

Zutaten

1 EL	Olivenöl
200 g	Möhren
50 ml	Gemüsebrühe
1	Knoblauchzehe
	Salz
	Pfeffer
1 Msp.	Kreuzkümmel
1 Spritzer	Zitronensaft
4	Walnüsse
1 TL	Kräuter

Zubereitung

Möhren schälen und klein würfeln

In einer Pfanne das Olivenöl erwärmen, die Möhre kurz andünsten

Brühe hinzugeben, Deckel drauflegen und auf niedrigster Hitze 5 Min. dünsten.

Knoblauchzehe pressen und mit den Gewürzen und Zitronensaft vermischen.

Wenn die Möhrenwürfel weich sind, abgießen und in eine Schüssel geben und mit Walnüssen und der Knoblauch-Gewürzpaste pürieren

Kräuter unterrühren und die Paste in ein Glas abfüllen

Kichererbsen- Aufstrich

Zutaten

100 g	Kichererbsen aus der Dose
$^{1}/_{2}$	Apfel
1 EL	Erdnussbutter
2 EL	Zitronensaft
1 EL	Olivenöl
1 TL.	Currypulver
	Salz und Pfeffer

Zubereitung

Kichererbsen in einem Sieb abgießen und abtropfen lassen

Apfel klein würfeln

Kichererbsen, Apfelwürfelchen, Erdnussbutter, Zitronensaft , alle Gewürze und Öl im Mixer zu einer cremigen Masse pürieren.

Auberginencreme

Zutaten

600 g	Auberginen
4 EL	Sesampaste
3	Knoblauchzehen
3 EL	Olivenöl
	Zitronensaft
	Salz und Pfeffer
	Chiliflocken

Zubereitung

Backofen auf höchster Stufe vorheizen

Auberginen halbieren und mit der Gabel einstechen, mit der Schnittseite nach unten im Backofen auf einen Rost legen und 30 Minuten backen, bis sie weich sind

Danach das Fruchtfleisch heraus löffeln

Knoblauchzehen grob zerkleinern und mit dem Fruchtfleisch der Auberginen, der Sesampaste und dem Olivenöl pürieren

Danach die Creme mit Zitronensaft, Salz und Pfeffer abschmecken

Mit Chiliflocken bestreut anrichten

Salsa

Zutaten

6	geschälte Tomaten
4	Paprikaschoten
3	Zwiebeln
2	Chilischoten
1	Saft der Zitrone
1 EL	Salz
2 EL	Zucker

Zubereitung

Alles in Würfel schneiden und in einen Topf ohne Deckel geben

Den Saft der Zitrone hinzugeben

1 1/2 Stunden bei mittlerer Hitze kochen

Dabei oft umrühren.

Zucker, Salz und Chili hinzugeben

Mayonnaise bzw. Aioli

Zutaten

50 ml	Sojamilch
150 ml	Pflanzenöl
.	Salz und Pfeffer
1	Knoblauchzehe

Zubereitung

Sojamilch und Öl zusammen in ein Gefäß geben, kurz mit dem Pürierstab pürieren, bis eine Creme entsteht

Mit Salz und Pfeffer würzen

1 Knoblauchzehe zerkleinern und untermischen

Reissirup-Aufstrich

Zutaten

200 g	Reissirup
75 g	Kokosraspel

Zubereitung

Den Reissirup mit den Kokosraspeln mit einem Stabmixer vermengen, bis eine cremige Konsistenz erreicht ist

Mandel - Brotaufstrich

Zutaten

100 g	Geriebene Mandeln
50 g	Kakaopulver
75 g	Puderzucker
75 g	Kokosfett

Zubereitung

Alle Zutaten zu einer homogenen Masse verrühren

Salate

Spargelsalat

Zutaten

200 g	Spargel, weiß
200 g	Spargel, grün
2 TL	Kapern
1 Zweig	Estragon
	Olivenöl
	Weißweinessig
	Meersalz
	Pfeffer
	Zitronensaft

Zubereitung

In einem Topf einen Sud aus Wasser mit einem Spritzer Zitronensaft, Salz und einer Prise Zucker ansetzen

Spargel schälen und im Sud so kochen, dass er noch Biss hat

Den Spargel herausnehmen und in 2-3 cm große Stücke schneiden.

3 EL vom Sud nehmen und in Olivenöl und Weißweinessig geben

Mit frischem Pfeffer und Meersalz abschmecken und über die Spargelstücke geben

Kapern klein hacken und dazugeben. gut mischen und etwas durchziehen lassen.

Krautsalat mit Paprika

Zutaten

1000 g	Weißkohl
1	Salatgurke
3	(Essiggurken
2	Paprikaschote
3 EL	Gurkenflüssigkeit
	Salz
	Pfeffer
	Petersilie
3 EL	Öl

Zubereitung

Weißkraut fein hobeln und salzen, kurz ziehen lassen

Gurke quer durchschneiden und in ca. 5 mm Stifte schneiden

Essiggurken und Paprikaschoten in Stifte schneiden

Petersilie fein hacken.

Alle Zutaten vermengen und mit Salz, Pfeffer, Gurkenwasser und Öl abschmecken

Linsensalat

Zutaten

250 g	Linsen
1	Zwiebel
1	Lorbeerblatt
2	Nelken
	Salz

Für die Marinade:

6 EL	Rotweinessig
1 EL	Senf
	Salz
1 Prise	Zucker
4 EL	(Distelöl

Für das Gemüse:

100 g	Lauch
150 g	Möhren

4	Tomaten
100 g	Zwiebeln
1 EL	Petersilie

Zubereitung

Zwiebel mit Nelken und dem Lorbeerblatt spicken

Leicht gesalzenes Wasser in einem Topf zum Kochen bringen und die Zwiebel 5 Minuten darin kochen lassen

Linsen hinzufügen und nach Anleitung garen, abschrecken.

Die Zwiebel von den Gewürzen befreien, fein hacken und wieder zu den Linsen geben.

DRESSING

Zutaten für das Dressing gut miteinander vermischen und über die Linsen geben

Vermischen und mindestens 30 Minuten ziehen lassen

GEMÜSE

Lauch halbieren und in feine Streifen schneiden

Möhren in ½ cm große Würfel schneiden und in Salzwasser 5 Minuten blanchieren

Lauch hinzufügen und 3 Minuten blanchieren

Tomaten würfeln und die Zwiebel schälen, halbieren und in feine Streifen schneiden

Das Gemüse unter die Linsen mischen, abschmecken und mit der Petersilie bestreuen

Rettichsalat japanische Art

Zutaten

1	Rettich
4 EL	Weißweinessig
2 EL	Rohrzucker
1 Prise	Salz
2 TL	Meerrettich
1 TL	Ingwersaft
$^1/_2$	Salatgurken

Zubereitung

Rettich fein raspeln und zwischen Küchenkrepp gut ausdrücken

Salatgurke in kleine Würfel schneiden

Alle Zutaten vermischen und mindestens 30 Minuten ziehen lassen

Reissalat

Zutaten

2	Paprikaschoten
3	Tomaten
$1/2$	Zucchini
$1/2$ Bund	Frühlingszwiebel
2 Tassen	Reis
	Salz
	Pfeffer
1 Zehe	Knoblauch
2 EL	Essig
1 EL	Olivenöl
5 Blätter	Basilikum

Zubereitung

Den Reis nach Packungsanweisung zubereiten

Gemüse in kleine Stücke schneiden

Knoblauch pellen und zerdrücken

Alle weiteren Zutaten miteinander vermischen

Den Reis erst unterrühren wenn er erkaltet ist

Mindestens 30 Minuten ziehen lassen

Karottensalat

Zutaten

500 g	Karotten
1	Apfel
1/2	Zitrone
1	Zwiebeln
	Balsamico
	Sonnenblumen
	Salz und Pfeffer
1 Prise	Zucker

Zubereitung

Zitrone in eine Schüssel auspressen, Apfel klein hobeln und dazugeben

Karotten schälen und klein raspeln

Zwiebel klein schneiden

Alles in die Schüssel geben und mit Essig und Öl anmachen

Mit Salz, Pfeffer und Zucker abschmecken

Nudelsalat

Zutaten

500 g	Glutenfreie Nudeln
1	Salatgurke
3	Tomaten
1	Paprikaschote
4 Beutel	Gewürzmischung für Salat

Zubereitung

Nudeln in Salzwasser al dente kochen.

Gurke schälen und vierteln. Kerne entfernen und in ca. 2 cm große Stücke schneiden

Paprikaschote entkernen und in mundgerechte Stücke schneiden

Tomaten in Stücke schneiden

Gemüse in eine Schüssel geben.

Nudeln in ein Sieb abgießen und abkühlen lassen

Salatkräuter mit Wasser anrühren und über die Gemüsestücke gießen

Die abgekühlten Nudeln in eine Schüssel geben und die Gemüsesauce unterheben

30 Minuten ziehen lassen

Tomatensalat

Zutaten

600 g	Tomaten
	Salz
1	Zwiebel
2 EL	Öl
1 EL	Essig
$\frac{1}{2}$ TL	Zucker
	Pfeffer
	Schnittlauch
	Majoran
	Basilikum

Zubereitung

Tomaten achteln, Stängelansatz herausschneiden
und In eine Schüssel geben, etwas salzen und ziehen
lassen

Zwiebel klein schneiden und aus Öl, Essig, Zucker,
Pfeffer und Schnittlauchröllchen, Majoran und
Basilikum eine Marinade mischen

Das ganze über die Tomatenstückchen geben und
vorsichtig mischen

30 Minuten ziehen lassen

Kartoffelsalat

Zutaten

1 kg	Kartoffeln
1 Bund	Radieschen
1	Apfel
1/2 Pck.	Kräuter
1 EL	Gemüsebrühe
100 ml	Mineralwasser
2 TL	Olivenöl
1	Zwiebel
	Salz und Pfeffer

Zubereitung

Kartoffeln in Salzwasser kochen, pellen und in kleine Würfel schneiden

Radieschen in Scheiben schneiden

Apfel und Zwiebel in kleine Stücke schneiden und in einer Pfanne anbraten

Die abgekühlten Zutaten miteinander vermengen.

Gemüsebrühe in heißem Mineralwasser auflösen, mit Öl vermischen und mit Salz und Pfeffer würzen

Die Mischung über die Kartoffeln geben und mit den Kräutern bestreuen

Kartoffeln, Reis und Nudeln

Reisnudeln mit Kokos

Zutaten

300 g	Reisnudeln
4	Möhren
2	Paprikaschoten
6	Brokkoliröschen
1	Zwiebel
2 Zehen	Knoblauch
1 Dose	Kokosmilch
	Ingwerpulver
	Currypulver
	Paprikapulver

Zubereitung

Reisnudeln kochen

Brokkoliröschen kochen

Zwiebeln klienhacken und in etwas Öl anschwitzen

Möhren in feine Scheiben schneiden

Knoblauch fein hacken

Paprika in Steifen scheiden und das Gemüse zu den Zwiebeln hinzu geben und 5 Minuten garen

Gemüse mit Sojasauce ablöschen

Kokosmilch und Gewürze nach Geschmack dazugeben und kurz köcheln lassen, bis die Kokosmilch dickflüssig wird

Den Brokkoli dazugeben und nochmals verrühren

Kartoffel-Wirsing Curry

Zutaten

500 g	Kartoffeln
500 g	Wirsing
2	Zwiebeln
5	Tomaten
1 Stück	Ingwer 1 cm
2 TL	Kurkuma
1 TL	Gemahlener Kreuzkümmel
1 TL	Koriander
$^1/_2$ TL	Zimt
$^1/_2$ TL	Cayennepfeffer
4 EL	Öl
3 EL	Sojajoghurt
200 ml	Gemüsebrühe

Zubereitung

Zwiebel würfeln und in heißem Öl dünsten

Kartoffeln in kleine Würfel schneiden und den Wirsing in Steifen, beides zu den Zwiebeln geben und bei starker Hitze anbraten. Bei mittlerer Hitze weiter braten

Alle Gewürze und den kleingeschnittenen Ingwer zugeben

Tomaten in Achtel schneiden

Brühe und die Tomaten in die Pfanne geben und alles zugedeckt so lange garen, bis die Kartoffeln durch sind

Sojajoghurt unterrühren und leicht erhitzen

Avocado - Salsa an Pellkartoffeln

Zutaten

8	Kartoffeln
	Salzwasser
1	Avocado
1/2	Zitrone
1	Schalotte
$1/2$	Chilischote
	Cayennepfeffer
1	Tomaten
1 Zweig	Koriandergrün
	Petersilie
	Schnittlauch
	Salz und Pfeffer

Zubereitung

Kartoffeln in Salzwasser kochen

Avocado schälen und mit einer Gabel zerdrücken

Schalotte und die Tomate in feine Würfel schneiden

Chili und die Kräuter ebenfalls klein schneiden

Alles miteinander vermischen und mit Salz, Pfeffer und dem Saft der Zitrone abschmecken

Als Dip zu den Kartoffeln reichen.

Kichererbsen - Bohnen - Curry

Zutaten

200 g	Prinzessbohnen
3	Möhren
3	Lauchzwiebeln
2 Zehen	Knoblauch
1	Pfefferschote
400 ml	Kichererbsen
425 ml	Kokoscreme
100 ml	Gemüsebrühe
1 Msp.	Ingwerpulver
1 TL	Kurkuma
1 TL	Koriander
1 EL	Currypulver
1 Msp.	Chilipulver
	Salz und Pfeffer, schwarz

Zubereitung

Bohnen, Möhren und Lauch putzen, in Stücke bzw. Scheiben schneiden

Knoblauch und Pfefferschote sehr fein würfeln

Kichererbsen abtropfen lassen

Pfanne erhitzen und das Gemüse darin etwa 5 Minuten dünsten

Danach mit Kokoscreme und Brühe ablöschen

Gewürze einrühren und solange bei niedriger Wärmezufuhr köcheln lassen, bis das Gemüse bissfest gegart ist.

Abschmecken und mit Korianderbestreuen.

Kartoffelgulasch

Zutaten

6	Kartoffeln
2	Paprikaschoten
1 kl. Dose	Pilze
1 e	Zwiebeln
1	Knoblauchzehe
1 Pck.	Passierte Tomaten
	Tomatenmark
1	Lorbeerblatt
1/2 EL	Gemüsebrühe,
	Paprikapulver
	Chilipulver
	Salz
	Olivenöl
	Kümmel

Zubereitung

Zwiebel in Ringe schneiden

Kartoffeln und die Paprikaschoten in gleich groß
Würfel schneiden

Knoblauchzehe durch die Presse drücken

Alles in einer Pfanne in Olivenöl anbraten und mit den
passierten Tomaten ablöschen

Danach so viel Wasser dazu geben, das alles schön
"schwimmt"

Dosenpilze dazu geben und mit der Brühe, reichlich
Paprika- und Chilipulver, dem Lorbeerblatt und
Kümmel würzen.

So lange köcheln lassen, bis die Kartoffeln gar sind

Das Lorbeerblatt entfernen, noch mal mit Salz und
Paprika abschmecken und gegebenenfalls mit etwas
Tomatenmark andicken

Grünes Curry

Zutaten

500 g	Hokkaido
150 g	Champignons
100 g	Busch - Bohnen
8.	Cocktailtomaten
4	Kartoffeln
2 EL	Öl
2 EL	Zucker
1 EL	Currypaste
400 ml	Kokosmilch
500 ml	Gemüsebrühe
50 g	Erdnüsse

Zubereitung

Hokkaido halbieren, Kerne im Inneren gründlich entfernen und das Fruchtfleisch in mundgerechte Würfel schneiden

Kartoffeln schälen und klein würfeln

Bohnen und Champignons klein schneiden

Öl und Currypaste in einem Topf kurz anschwitzen

Kokosmilch, Gemüsebrühe und Zucker zugeben, aufkochen lassen

Kürbis, Kartoffeln und Bohnen zugeben und 10 Minuten zugedeckt leicht köcheln lassen

Champignons und halbierte Cocktailtomaten zugeben und weitere 10 Minuten zugedeckt kochen

Geröstete Erdnüsse unterrühren

Curry

Zutaten

3	Paprikaschoten
	Olivenöl
1 Zehe	Knoblauch
2 TL	Kräuter der Provence
2 TL	Currypulver
3 EL	Tomatenmark
1 Dose	Kokosmilch
4	Champignons
	Salz und Pfeffer
	Paprikapulver
	Zimt

Zubereitung

Paprika, Champignons sowie die Knoblauchzehe würfeln und in etwas Olivenöl anbraten

Kräuter der Provence zugeben.

Mit der Kokosmilch ablöschen und köcheln lassen

Mit Salz, Pfeffer, Paprikapulver, Zimt und dem Currypulver abschmecken

Tomatenmark zugeben

Curry der bunten Hülsenfrüchten

Zutaten

250 g	Über Nacht eingeweichte bunte Hülsenfrüchte
250 g	Karotten
120 g	Buchweizen
	Öl
1	Zwiebel
400 ml	Gemüsebrühe
400 ml	Kokosmilch
500 g	Tomaten
3 EL	Mus aus Erdnüssen
	Salz und Pfeffer
	Garam masala *
	Chilipulver
	Paprikapulver
	Curry

Kurkuma

Zubereitung

Karotten in Scheiben schneiden und in Salzwasser
gar dünsten

Buchweizen nach Packungsanweisung garen

Zwiebeln würfeln

Öl in einem großen Topf erhitzen und die gewürfelte
Zwiebel darin anbraten

Eingeweichten Hülsenfrüchte und die Gemüsebrühe
dazu geben und 20 Minuten köcheln lassen

Kokosmilch dazu geben und das Erdnussmus darin
auflösen

Karotten schälen und in Scheiben schneiden

Karotten und Buchweizen dazu geben und nach
Geschmack mit Salz, Pfeffer, Garam Masala, Chili-,
Paprikapulver und Currywürzen

30 Minuten leicht köcheln lassen

Kurkuma dazu geben

Vegetarisches Chili

Zutaten

200 g	Sojafeine Schnetzel
2	Zwiebeln
3	Paprikaschoten
1 TL	Rapsöl
1 Dose	Kidneybohnen
500 g	passierte Tomaten
1 TL	Paprikapulver
1 TL	Oregano
$\frac{1}{2}$ TL	Currypulver
$\frac{1}{2}$ TL	Pfeffer
1 Prise	Kreuzkümmel
	Chilipulver

Zubereitung

Sojaschnetzel nach Packungsanleitung quellen lassen

Paprika würfeln, Zwiebeln schälen und würfeln

Zusammen mit den Sojaschnetzel in einem Topf mit erhitztem Öl anbraten

Passierte Tomaten, Kidneybohnen mit Flüssigkeit hinzugeben und 30 Min. köcheln lassen

Mit den Gewürzen abschmecken

Grünkern - Bolognese

Zutaten

80 g	geschroteter Grünkern
500 ml	Gemüsebrühe
1	Karotte
1	Staudensellerie
1	Zwiebel
1000 g	Tomaten
2 EL	Tomatenmark
2 EL	gehacktes Basilikum
	Salz
	Pfeffer
	Olivenöl

Zubereitung

Grünkernschrot in einem Topf so lange anrösten, bis er ein wenig dunkler wird

Mit der Gemüsebrühe ablöschen und kurz aufkochen

Den dann Topf von der Platte nehmen und den Grünkernschrot 20 Minuten quellen lassen

Gemüse (außer die Tomaten) in kleine Würfel schneiden.

Das Gemüse n einer Pfanne mit etwas Olivenöl erhitzen

Grünkernschrot zugeben und etwas anbraten

Tomaten kleindrücken und damit alles ablöschen

30 Minuten auf kleiner Stufe köcheln lassen

Basilikum und das Tomatenmark unterrühren

Mit Salz und Pfeffer abschmecken

Aufläufe

Moussaka

Zutaten

700 g	Aubergine(n)
500 g	Kartoffeln
1 große	Zwiebel
100 g	Soja - Hackfleisch
450 g	Tomaten, geschält
1 EL	Tomatenmark
100 ml	Weißwein
500 ml	Sojamilch
50 ml	Soja - Sahne
150 ml	Wasser
50 g	Margarine
2 EL	Glutenfreies Mehl
1 EL	Zitronensaft
1 Prise	Muskat

1 Bund	Petersilie
1 EL	Oregano
1 EL	Zucker
1 EL	Zimt
	Pfeffer
	Salz

Zubereitung

Hackfleisch in Salzwasser ca. 15 Minuten ziehen lassen, dann in einem Sieb abgießen und mit Salz würzen.

Auberginen waschen und in dünne Scheiben schneiden, mit Salz bestreuen und 15 Minuten ziehen lassen.

Auberginen in Olivenöl in einer Pfanne braten und auf Küchenrollenpapier abtropfen lassen.

Kartoffeln schälen und in dünne Scheiben schneiden, in Olivenöl anbraten und salzen.

Zwiebel fein würfeln, in einer großen Pfanne goldbraun anbraten.

Hackfleisch dazugeben und anbraten.

Tomatenmark und die Tomaten hinzugeben.

Tomaten in Stücke drücken.

Kurz garen lassen und anschließend mit Weißwein ablöschen und nochmals kochen lassen.

Petersilie klein hacken und hinzugeben.

Oregano, Zucker, Zimt da zugeben , mit Pfeffer und Salz abschmecken.

Backofen auf 170 Grad Celsius Ober- und Unterhitze vorheizen.

In einem Topf Margarine schmelzen.

Mehl hinzugeben und mit einem Schneebesen verrühren. Unter ständigem Rühren abwechselnd Sojamilch, Sojasahne und Wasser hinzugeben, zum Kochen bringen und zu einer dicklichen Soße schlagen.

Mit Zitronensaft, Muskatnuss, Salz und Pfeffer abschmecken.

In eine Auflaufform abwechselnd Auberginen, Sojahackfleischmasse und Kartoffeln schichten.

Zuletzt die Sauce über dem Auflauf verteilen.

Auf der mittleren Schiene ca. 60 Minuten backen.

Gemüseauflauf

Zutaten

1 TL	Salz
300 g	Rote Bete
300 g	Möhren
300 g	Paprikaschoten
350 g	Blumenkohl
350 g	Kohlrabi
10 g	Ingwer
½ TL	Gemüsebrühe
100 ml	Wasser
	Für die Sauce:
200 g	Paprikaschoten
500 g	Tomaten
10 g	Ingwer
200 g	Apfel

100 ml	Wasser
$1/2$ TL	Gemüsebrühe,
4 EL	Balsamico
3 EL	Sojasauce
1 $1/2$ EL	Rohrzucker
1 $1/2$ TL	Salz
	Fett, für die Formen

Zubereitung

Rote Bete, Möhren und Paprika , Blumenkohl, Kohlrabi und Ingwer (nur den Ingwersehr fein) würfeln und in Wasser. 20 min bissfest dünsten.

Für die Soße: Paprika, Tomaten und Apfel vierteln und mit der Brühe und dem Wasser 5 min kochen. Den Ingwer in feine Würfel schneiden und dazu geben.

Danach mit elektrischem Pürierstab sämig pürieren .

Mit Balsamico, Sojasause, Rohrzucker und Salz abschmecken.

Das Gemüse in eine Auflaufform füllen und darüber die Soße geben.

In den kalten Backofen bei 180°COder- und Unterhitze ca. 30 min backen.

Kohlrabiauflauf

Zutaten

150 g	Naturreis
300 ml	Wasser
2 EL	Sonnenblumenkerne
500 g	Kohlrabi
200 g	Möhren
20 g	Ingwer
200 g	Tofu
2 EL	Sojasauce
10	Oliven
1 TL	Curry
10	Pfefferkörner, gemahlen
2 TL	Kräutersalz
1 Prise	Zucker
150 g	Buchweizenmehl

Margarine,

2 TL Preiselbeeren

Zubereitung

Reis kochen und 10 min nachquellen lassen.

Sonnenblumenkerne in einer trocknen Pfanne kurz rösten.

Kohlrabi, Möhren und Ingwer fein raspeln und 3 El abnehmen, zusammen mit der Sojasoße und Tofu fein pürieren.

Oliven fein hacken und mit Kurkuma vermengen

Pfefferkörnern, Kräutersalz, Zucker und Buchweizenmehr mit alle Zutaten vermischen.

In eine Auflaufform füllen und glatt streichen, in die Mitte noch die Preiselbeeren geben,

Deckel schließen, in den kalten Backofen stellen und bei ca. 160°C Ober- und Unterhitze 60 min backen.

Tomaten - Hirse - Auflauf

Zutaten

100 g	Hirse
250 g	Wasser
1 EL	Margarine
100 g	Lauch
1 EL	Oregano
1 EL	Basilikum
1 TL	Kurkuma
20 g	Ingwer
2 Dosen	Tomaten
100 g	Erdnüsse
2 TL	Salz
1 Prise	Zucker
150 g	Hirsemehl
	Margarine, zum Ausfetten der Auflaufformen

2 EL   Preiselbeeren

Zubereitung

Erdnüsse in einer trockenen Pfanne rösten und mahlen

Hirse mit heißem Wasser ausspülen

Danach in eine Tasse kochendes Wasser geben, köcheln lassen bis das Wasser in der Hirse ist,

Hitze ausstellen, Deckel schließen und ca. 15 min quellen lassen

Lauchklein schneiden und in Margarine anbraten, Oregano, Basilikum und Kurkuma dazu geben

Ingwer fein hacken, Tomaten, Salz, Zucker und Hirsemehl mit allen Zutaten vermengen.

In einer eingefetten Auflaufformen verteilen, glatt streichen und in der Mitte die Preiselbeeren verteilen

Deckel schließen

In den kalten Backofen stellen und bei ca. 200°C Ober- und Unterhitze ca. 60 min backen

Pikanter Auflauf

Zutaten

1 Tassen	Buchweizen
300 ml	Wasser
4 EL	Gemüsebrühe
300 g	Möhren
2	Paprikaschoten
30 g	Ingwer
1/2	Orange
1	Feige
1	Banane
1 TL	Kurkuma
5 EL	Kokosraspel
4 EL	Sesam
5 EL	Reismehl
3 EL	Balsamico

3 EL   Sojasauce

Zubereitung

Buchweizen nach Packungsangabe zubereiten.

Möhren, Paprika, Ingwer, Orange, Feigen und die Banane in kleine Stücke schneiden und in eine Auflaufform füllen.

Im kalten Backofen stellen und ca. 40 Minuten bei 180°C Ober- und Unterhitze backen.

Snacks und Nachtisch

Melonen - Gazpacho

Zutaten

800g	Melone
2	Tomaten
1	Paprikaschote
1	Zwiebel
100 ml	Tomatensaft
2 EL	Olivenöl
1 TL	Granatapfelsirup
	Salz
	Pfeffer

Zubereitung

Die Melone schälen, entkernen und in grobe Würfel schneiden.

Paprika und Tomaten ebenfalls entkernen und in Würfel schneiden

Zwiebel fein würfeln.

Alles in ein hohes Gefäß geben und mit Olivenöl und Tomatensaft pürieren.

Mit dem Granatapfelsirup, Salz und Pfeffer abschmecken.

Die Masse durch ein nicht zu feinmaschiges Sieb passieren und 4 Stunden kalt stellen.

Pflaumenkompott

Zutaten

500 g	Pflaumen
5 EL	Wasser
80 g	Zucker
1 Pck.	Vanillezucker
$\frac{1}{2}$ TL	Zimt

Zubereitung

Pflaumen vierteln und entsteinen.

Wasser, Zucker, Vanillezucker und Zimt zugedeckt in einem Topf zum Kochen bringen.

Auf niedrigster Wärmestufe weich kochen, nicht rühren!.

Danach erkalten lassen.

Holunderblütensirup

Zutaten

20	Holunderblütendolden
2 kg	Zucker
150 ml	Zitronensaft
2 Liter	Wasser

Zubereitung

Die Holunderblütendolden für 24 Stunden in das Wasser legen.

Geschirrtuch über das Gefäß legen.

Wasser durch ein Sieb in einen Topf gießen und mit Zucker und Zitronensaft aufkochen.

Noch heiß in abgekochte und verschließbare Gefäße geben.

Kokosmilchreis

Zutaten

400 ml	Kokosmilch
200 ml	Wasser
100 g	Milchreis
1 Prise	Salz
60 g	Zucker

Zubereitung

Den Milchreis mit Kokosmilch, Wasser und Salz ca. 30 Minuten bei mittlerer Hitze gar ziehen lassen.

Gelegentlich umrühren. Zum Ende der Garzeit den Zucker dazugeben.

Kochbananen

Zutaten

4 große	Kochbananen
	Öl

Zubereitung

Kochbananen in schräge Scheiben von 1 cm dicke schneiden.

Öl in einer Pfanne erhitzten und die Kochbananenscheiben darin schwimmend ca. 2 Minuten von jeder Seite ausgebacken.

Buttercremetorte

Zutaten

Für den Biskuitboden:

4	Eier aus Ersatzprodukt
250 g	Zucker
1 Pck.	Vanillezucker
	Geriebene Zitronenschale
75 g	Glutenfreies Mehl
75 g	Speisestärke
1 TL	Backpulver

Für die Creme:

2 Pck.	Puddingpulver ohne Gluten und Milch
750 ml	Sojamilch
	Zucker
250 g	Margarine
1 Flasche	Zitronenaroma-

2 Dosen   Mandarinen

Zubereitung

Eierersatz, Zucker und Vanillezucker schaumig
schlagen, Zitronenschale zugeben.

Mehl, Speisestärke und Backpulver darauf sieben und
unterheben.

Springform mit Margarine fetten.

Teig in die Form füllen und bei ca. 180°C Ober- und
Unterhitze 30 Minuten backen.

Gut auskühlen lassen.

Creme:
Vanillepudding nach Packungsanleitung mit der
Sojamilch und Zucker zubereiten. Abkühlen lassen.

Margarine schaumig schlagen, Pudding löffelweise
gut unterrühren. Zitronenaroma unterrühren

Mandarinen abtropfen lassen.

Biskuit in der Mitte Durchschneiden, das man zwei
hat.

Die Hälfte der Creme auf den Boden verteilen, die
Hälfte der Mandarinen darauf verteilen, danach die

Böden aufeinander liegen, mit der restlichen Creme die Torte bestreichen und die restlichen Mandarinen darauf verteilen

Biskuit - Boden

Zutaten

200 g	Buchweizenmehl
50 g	Reismehl
80 g	Amarant gemahlen
160 g	Hirsemehl
1 Prise	Salz
1 Tüte	Backpulver
1 Msp.	Vanille - Pulver
200 g	Rohrzucker
600 ml	Mineralwasser
15 EL	Öl
1/2	abgeriebene Zitronenschale o

Zubereitung

Die trockenen Zutaten vermischen

Rapsöl ins Wasser geben und zu dem trockenen
Gemisch geben,

5 Min rühren lassen.

Teig in eine mit Backpapier ausgelegte Springform
geben.

Die Form in den kalten Backofen bei ca. 140°C Ober-
und Unterhitze ca. 100 min backen.

Mürbeteig

Zutaten

180 g	Buchweizenmehl
30 g	Amarant, gemahlen
50 g	Gemahlene Haselnüsse
1 Prise	Salz
1 Prise	Rohrzucker
½ TL	Natron
100 g	Margarine
100 ml	Mineralwasser
2 cl	Rum

Zubereitung

Zutaten vermischen, Wasser dazugeben,

Zu einem Ballformen und in Alufolie einpacken

Für 1 Stunde in den Kühlschrank legen, danach weiter verarbeiten.

Tortenboden

Zutaten

220 g	Kokosnussraspelt
600 ml	Wasser
40 g	Speisestärke
1 Tüte	Puddingpulver
1 Prise	Salz
1 Prise	Zucker

Zubereitung

Kokos, Salz und Zucker mit 400 ml Wasser aufsetzen und zum köcheln bringen

200 ml kaltes Wasser mit der Speisestärke vermischen, dem köchelnden Wasser beigeben, gut vermischen!

In eine 26 cm Springformboden geben, glatt streichen.

Smoothie

Zutaten

300 g	Sojadrink
100 ml	Fruchtsaft
2	Bananen
2	Nektarinen
2 EL	Dattelsirup

Zubereitung

Obst pürieren

Fruchtsaft und Sirup unterrühren.

Nougat

Zutaten

200 g	Walnüsse
3 EL	Ahornsirup
4 TL	Kakaopulver
1/4 TL	Zimt, gemahlen
1/2 TL	Vanille pulver
1 TL	Kaffee

Zubereitung

Walnüsse fein hacken.

Alle Zutaten in ein hohes Gefäß geben und mit einem Pürierstab verrühren.

Vanille-Apfel Muffins

Zutaten

120 g	Maismehl
100 g	Maisstärke
1 Pck.	Vanillearoma
1 TL,	Zimtpulver
60 g	Margarine
1/2 TL	Natron
4 EL	Eiersatzpulver
1 Schuss	Apfelsaft
1 Schuss	Mineralwasser
50 g	Kokosraspel
1kleiner	Apfel
	Margarine

Zubereitung

Eiersatzpulver mit wenig Mineralwasser schaumig
rühren.

Alle anderen Zutaten in eine Schüssel geben und mit
dem Handrührgerät vermengen.

Den Apfel in sehr kleine Stücke schneiden und unter
die Masse heben.

Die Muffinform mit Margarine einstreichen und mit
Kokosraspel ausstreuen

Bei 200°C Ober- und Unterhitze 20 Minuten backen.

Amerikaner

Zutaten

150 g	Margarine
60 g	Rohrzucker
1 Prise	Salz
1	Abgeriebene Zitronenschale
250 g	Buchweizenmehl
50 g	Amarant, gemahlen
120 g	Naturreismehl
80 g	Kichererbsenmehl
100 g	Mandeln
1 Pck.	Backpulver
¼ TL	Vanille - Pulver
600 ml	Sojamilch
	Für den Guss: 1
250 g	Puderzucker

1 EL	Wasser
3 EL	Rum

Zubereitung

Die Zutaten von Margarine bis Sojamilch gut verrühren und auf ein mit Backpapier ausgelegte Backblech gießen.

In den vorgeheizten Backofen auf 160°C Ober – und Unterhitze ca. 20 min backen.

Puderzucker mit Wasser und Rum vermischen und im Wasserbad heiß machen.

Wenn der Kuchen fertig ist,, ein leeres mit Backpapier ausgelegtes Backblech auf den Kuchen legen und alles umdrehen umdrehen. Das der Kuchen auf dem kalten Blech liegt

Backpapier vom Kuchen lösen

Jetzt den Guss über den Teig geben

Porridge

Zutaten

60 g	Hirseflocken
75 ml	Wasser
75 ml	Sojamilch
1 Prise	Meersalz
1	Banane
1 TL	Zimt
	Wasser

Zubereitung

Wasser mit Sojamilch und Meersalz aufkochen. Topf vom Herd nehmen

Hirseflocken einrühren und unter Rühren 5 min ausquellen lassen.

Banane zerdrücken und zusammen mit dem Zimt unter die Hirse rühren.

Ist das Porridge zu dickflüssig geworden, Wasser einrühren.

Crepe

Zutaten

100 g	Naturreismehl
50 g	Kichererbsenmehl
1 Prise	Salz
1 Prise	Rohrzucker
3 EL	Margarine
300 ml	Mineralwasser

Zubereitung

Zutaten verrühren

Den Teig für ca. 30 min in den Kühlschrank.

Falls der Teig zu dick geworden ist mit Wasser
verdünnen.

Walnuss Kuchenbrot

Zutaten

100 g	Rosinen
½ Tasse	Rum
200 g	Walnüsse
4	Bananen
400 ml	Mineralwasser
230 g	Maismehl
250 g	Buchweizenmehl
3 TL	Koriander, gemahlen
¼ TL	Salz
2 Tüten	Backpulver
200 g	Rohrzucker
1 Tüte	Vanillezucker

Zubereitung

Rosinen mit Rum in einer Tasse bedecken, 1 Std. ruhen lassen.

Walnüsse trocken rösten, hacken.

Maismehl und Buchweizenmehl mit dem Koriander mischen.

Bananen pürieren.

Alle Zutaten vermischen

Im kalten Backofen bei 180° C Ober- und Unterhitze ca. 60 min backen.

Mandelkuchen

Zutaten

300 g	Bananen
250 g	Buchweizenmehl
100 g	Naturreismehl
50 g	Amarant, gemahlen
200 g	Gemahlene Mandeln
1 Msp.	Vanille - Pulver
1 Prise	Salz
1 Tüte/n	Backpulver
3 TL	Süßstoff, flüssigen
400 g	Mineralwasser
1	Zitrone

Zubereitung

Die Zitrone auspressen und die Schale abreiben.

Alle Zutaten miteinander vermischen und in eine mit Backpapier ausgelegte Springform gießen,

Im kalten Backofen bei 180°C Ober- und Unterhitze ca. 60 min backen.

Maispfannkuchen

Zutaten

150 g	Maismehl
100 g	Kichererbsenmehl
1 TL	Salz
1 Prise	Rohrzucker
4 EL	Öl
	Öl

Zubereitung

Alle Zutaten verrühren

30 min quellen lassen

In einer Pfanne Öl bei mittlerer Stufe heiß werden lassen, mit einer Kelle Teig hinein geben und von beiden Seiten Gold-Braun werden lassen.

Mohn - Pudding mit Rosinen

Zutaten

40 g	Maisgrieß
10 g	Mohn
80 g	Sojamilch
120 g	Wasser
1 TL	Rosinen

Zubereitung

Alle Zutaten unter Rühren aufkochen, bis der Maisgrieß zu sprudeln beginnt.

Vom Herd nehmen und einen Deckel drauf.

10 Min. quellen lassen, dann die Masse in Puddingschälchen abfüllen und 15 Min. ruhen lassen.

Schokoladenkuchen

Zutaten

1 ½ Tasse/n	Glutenfreies Mehl
1 TL	Sojamehl
1 Pck.	Backpulver
1 Pris)	Salz
¾ Tasse	Zucker
200 ml	Sojamilch
3 EL	Kakaopulver
evtl.	Bittermandelaroma
evtl.	Gemahlene Mandeln
150 ml	Rapsöl

Zubereitung

Alle Zutaten in eine Schüssel geben und mit dem Handrührgerät verrühren.

Alles in eine Backform geben und bei 180°C Ober- und Unterhitze ca. 40 Min. backen

Mandarinen Torte

Zutaten

Für den Mürbeteig:

6 EL	Buchweizenmehl
8 EL	Naturreismehl
2 EL	Rohrzucker
1 Prise	Salz
70 g	Margarine
8 EL	Wasser

Für die Füllung:

250 g	Kokosnussraspeln
500 ml	Wasser
$\frac{1}{2}$ TL	Vanillepulver
600 g	Tofu
150 g	Rohrzucker
1 Prise	Salz

80 g	Speisestärke
2 Tüten	Puddingpulver
800 g	Mandarinen

Zubereitung

Für den Mürbeteig alle Zutaten verrühren

Ringform mit Backpapier auslegen, Teig hinein füllen und ruhen lassen, ca. 30 Minuten

Kokosnussraspel mit 500 ml Wasser in einem Mixer rühren

Vanillepulver zugeben und den Tofu nach und nach beigeben

Die anderen Zutaten bis auf die Mandarinen dazugeben und danach alles auf den Teig in der Backform geben.

Die Mandarinen n den Teig stecken

In den kalten Backofen bei ca. 160°C Ober- und Unterhitze ca. 50 min backen.

Pizza

Zutaten

Für den Boden:

450 g	Maismehl
1 TL	Gemahlener Koriander
1 Tüte	Backpulver
1 Prise	Zucker
100 g	Margarine
350 g	Rotwein

Für den Belag:

150 g	Tofu
80 g	Balsamico
20 g	Sojasauce
1 Dose	Tomaten
1 Dose	Champignons

1 Dose	Mais
50 g	Paprika
1 TL	Majoran
1 TL	Basilikum
1 Prise	Zucker
100 g	Naturreismehl
	Pfeffer
200 g	Käse (vegan)

Zubereitung

Tofu in kleine Würfel schneiden und in Balsamico und Sojasauce 30 min einlegen

Alle Zutaten für den Boden vermischen und auf ein mit Backpapier ausgelegtes Backblech gießen

Bei 160°C Ober – und Unterhitze vorgeheizten Backofen 15 min vorbacken.

Paprika in Streifen schneiden

Tomaten in eine Schüssel geben und mit Mais, Paprikaschotenstreifen, Champignons, Majoran, Basilikum, Zucker, Pfeffer (nach Bedarf) und Naturreismehl geben

Tofu dazugeben und mit der Lake abschmecken

Pizzaboden aus dem Ofen nehmen, Ofen auf 200 C stellen

Zutaten auf den Boden geben, glatt streichen und mit dem Käse bedecken

In den noch heißen, 200°C Ober- und Unterhitze geben, ca. 20 min backen.